Walt Disney's MICKY MAUS

Fensterbilder aus Tonkarton

Hereinspaziert in die bunte Welt von Micky Maus! Da gibt es schließlich allerhand zu erleben, beim Nickerchen auf dem Mond, in der wilden Prärie und in der Badewanne ...
Micky Maus ist wohl die bekannteste Maus der ganzen Welt - seinen ersten großen Auftritt hatte er am 18. November 1928 in Walt Disneys Zeichentrickfilm „Steamboat Willie“.
Und danach gab es kein Halten mehr - Micky Maus eroberte die Welt! Nun endlich ist er auch als Fensterbild aus fröhlich-buntem Tonkarton zu haben, in lustigen Szenen, fürs Fenster und fürs Kinderzimmer oder als kleines Mitbringsel zum Kindergeburtstag.
Und Micky muß natürlich Micky sein - die Vorlagen sind originalgetreu und deshalb ein bißchen schwieriger zu basteln, da ist bei Kindern die Hilfe von Mama oder Papa gefragt! Sie finden aber bei fast allen Motiven auf dem Vorlagenbogen verschiedene Teile nochmals einzeln dargestellt, und damit klappt's ganz sicher!

Viel Spaß beim Basteln wünscht Ihnen
Monika Gänsler

Bastelanleitung

Alle Fensterbilder dieses Buches sind so beschrieben, daß Sie sie beidseitig arbeiten können. Zum einen erhalten die Motive damit die notwendige Stabilität, zum anderen wirken die Bilder dann natürlich auch auf der Rückseite genauso schön! Um ein Fensterbild zu basteln, müssen Schablonen angefertigt werden. Das ist ganz einfach:

Die einzelnen Teile vom Vorlagenbogen werden mit Bleistift auf Transparentpapier übertragen. Kleben Sie diese Zeichnungen auf Pappe, schneiden Sie sie exakt aus. Die Pappe darf nicht zu dünn sein, sonst gibt es später beim Aufzeichnen auf Tonkarton Schwierigkeiten, weil die Spitzen wegknicken können.

Mit diesen Schablonen zeichnet man die Umrisse auf Tonkarton auf und schneidet die Teile aus. Die Reihenfolge beim Zusammensetzen des Fensterbildes ist bei jedem Motiv erläutert. Mickys Kopf wird jeweils als Ganzes ausgeschnitten, darauf paßt dann genau das beige Gesicht.
Anstatt seinen Mund und die Zunge aus Tonkarton auszuschneiden, können Sie sie auch mit einem schwarzen bzw. roten Stift aufmalen. Um die richtige Stelle für die Aufhängung zu finden, nimmt man das fertige Bild zwischen Daumen und Zeigefinger und balanciert es aus. Mit der Nadel wird das Aufhängeloch eingestochen und zum Schluß ein Faden durchgezogen - und schon kann Micky es sich an Ihrem Fenster gemütlich machen!

Für alle Micky-Maus-Fensterbilder wurde ausschließlich Tonkarton (Fotokarton) benutzt, er ist stabiler und lichtundurchlässiger als Tonpapier. Im Laufe der Zeit läßt die Farbintensität der Bilder ein bißchen nach, vor allem bei direkter Sonneneinstrahlung.

Werkzeug:
- Mittelgroße, spitze Schere für Umrisse und grobe Arbeiten
- Kleine, spitze Schere für exakte, feine Ausarbeitungen
- Halbrunde Nagelschere für kleine Rundungen
- Cutter für schwer zugängliche Stellen

Klebstoff:
Es sind hier vor allem Klebestifte zu empfehlen. Bei Flüssigkleber besteht die Gefahr, daß er hervorquillt. Damit zusammengeklebte Teile beim Trocknen nicht verrutschen, kann man sie mit Wäscheklammern zusammenhalten.
Eventuell auftretende Klebstoffspuren werden mit einem Radiergummi beseitigt.

Stifte:
Zum Konturieren brauchen Sie einen dünnen, schwarzen Stift. Eventuell benötigt man noch einen roten Stift für den Mund bzw. die Zunge.

Farben: Schwarz, Weiß, Beige, Rot, Gelb

Außer den beiden Ohren, dem linken Arm, den beiden Schuhen und dem Schwänzchen werden alle Teile doppelt ausgeschnitten.

Vorarbeiten:

1. Mickys Kopf:
Beide schwarzen Kopfteile werden von vorne mit den beigen Gesichtsteilen ergänzt. Danach fixiert man die Augen, den Mund und die rote Zunge.

2. Linker Arm:
Der Arm erhält beidseitig die weißen Handschuhteile.

3. Linkes Bein:
Auf den linken Schuh werden deckungsgleich beide Beine geklebt.

Kleben Sie zwischen die Oberkörperteile den linken Arm, danach bringt man den rechten Arm an. Zwischen die Hosenteile werden der Oberkörper, das Schwänzchen und das vorgefertigte linke Bein geklebt. Das rechte Bein sitzt vorne und hinten auf der Hose.
Denken Sie daran, daß unten noch der gelbe Schuh dazwischengeschoben werden muß!

Nun folgen die beiden vorgefertigten Kopfteile. Sie werden am Oberkörper fixiert, dazwischen kommen noch die Ohren. Die Nasenspitze ankleben und das fertige Fensterbild mit einem schwarzen Stift vervollständigen - hier ist Micky Maus!

Hoch in den Lüften

Farben: Schwarz, Weiß, Beige, Rot, Grau, Grün, Blau, Hellgrün, Hellblau, Gelb

Außer dem hellblauen Oberkörper, den beiden Ohren, dem linken Brillenteil, dem Windschutz und den beiden Rädern muß alles doppelt ausgeschnitten werden.

Vorarbeiten:

1. Mickys Kopf:

Auf die beiden schwarzen Kopfteile werden jeweils das beige Gesicht, die Augen, der Mund mit der Zunge und der rote Sturzhelm aufgeklebt.

2. Flugzeugräder:

Beide Räder erhalten jeweils vorne und hinten ihre schwarzen Mittelteile.

Zwischen die beiden gelben Rumpfteile des Flugzeuges werden die grauen Räder, der weiße Windschutz und der hellblaue Oberkörper von Micky Maus geklebt. Von vorne und hinten erhält das Flugzeug seine Flügel, die blaue Spitze und den grünen Rand. Kleben Sie auf den Oberkörper beidseitig den hellgrünen Schal.
Und dann darf natürlich der Propeller nicht fehlen. Beachten Sie die Reihenfolge der einzelnen Teile:
Die rote Mitte klebt **unter** dem einen Propellerflügel, aber **auf** dem anderen - Sie müssen also von unten nach oben arbeiten.

Von beiden Seiten wird nun der vorgefertigte Kopf von Micky fixiert, dazwischen klebt man die Ohren und das linke Brillenteil. Das rechte Brillenteil wird beidseitig auf den roten Sturzhelm geklebt; ein weißes, ovales Glas vervollständigt die Brille. Außerdem braucht Micky noch seine Nasenspitze, die er fröhlich in die Luft reckt.
Mit einem schwarzen Filzstift werden dann die Innenlinien ergänzt, und schon erhebt sich der mutige Flieger an Ihrem Fenster!

Farben: Schwarz, Weiß, Beige, Dunkelgrün, Hellgrün, Braun, Rot, Blau, Gelb, Rosa, Grau

Der graue Berg, der linke Handschuh und die beiden Ohren von Micky werden nur einmal ausgeschnitten, alle anderen Teile zweimal.

Micky, die Berge rufen!

Vorarbeiten:

1. Mickys Kopf:
Die beiden schwarzen Kopfteile bekommen von vorne ihre beigen Gesichtsteile. Danach die Augen, den Mund und die Zunge aufkleben.

2. Vordere Hutseite:
Auf der grünen Hutspitze wird der graue Gamsbart angebracht, darüber fixiert man die grüne Hutkrempe mit dem Edelweiß. Die hintere Hutseite genauso arbeiten. Die beiden Hutseiten werden jeweils von vorne auf die vorgearbeiteten Kopfteile geklebt.

3. Beine mit Schuhen:
Die braunen Schuhe erhalten ihre roten Spitzen und die roten Ränder. Danach werden die weißen Schnürbänder angebracht; kleben Sie dann noch die beiden Beine auf.

4. Berge:
Geben Sie dem grauen Berg von beiden Seiten seine weißen Schneespitzen. Danach klebt man beidseitig die rosafarbenen Bergspitzen am grauen Berg fest. Jetzt folgt der gelbe Hügel, arbeiten Sie hier auch beidseitig. Die fertiggestellte Bergkette wird dann zwischen den deckungsgleichen Grasflächen fixiert.

An die dunkelgrüne Hose wird von hinten das linke Bein und danach das rechte Bein geklebt - jeweils einschließlich Schuh! Mit dem zweiten Hosenteil für die andere Seite genauso verfahren. Der weiße Handschuh erhält von vorne und hinten die beiden schwarzen Armteile. Dieses zusammengesetzte „Handschuh-Arm-Teil“ wird nun zwischen den beiden hellgrünen Oberkörperteilen fixiert, und zwar einmal am Ärmel und einmal in Hüfthöhe. Zwischen die beiden Unterkörperteile wird der Oberkörper und auch die Grasfläche geklebt. Arbeiten Sie möglichst deckungsgleich!

Die Stoßkante zwischen Hose und Oberkörper ist mit einem Hosenbund überklebt.
Nun fehlen für Mickys zünftige Tracht nur noch die Hosenträger, natürlich auch beidseitig. Mickys vorgefertigte Kopfteile mit Hut werden deckungsgleich am Körper fixiert, aber Achtung: Vergessen Sie die Ohren nicht, sie werden vorher noch dazwischengeklebt.
Denken Sie auch an die schwarze Nasenspitze. In den Bergen muß natürlich auch Enzian blühen: Blaue Blüten mit einem gelben Innenteil und dunkelgrünen Blättern. Nun fehlen noch Mickys Schwanz und die Innenlinien des Bildes, die mit einem schwarzen Stift ergänzt werden.
Jetzt kann Micky Maus endlich die Berge erobern!

Farben: Schwarz, Weiß, Beige, Blau, Orange, Grün, Rot, Gelb, Grau

Außer dem linken Ohr und den beiden linken Rädern werden alle Teile doppelt ausgeschnitten.

Rennfahrer Micky

Vorarbeiten:

1. Mickys Kopf:

Die beiden roten Sturzhelmteile erhalten jeweils von vorne die schwarzen Kopfteile, die beigen Gesichtsteile, die Augen und den Mund mit der Zunge. Das rechte Ohr wird jeweils von hinten an den Sturzhelm geklebt.

2. Linkes kleines Rad:

Dieses Rad wird beidseitig mit einem weißen Mittelteil verziert.

Zwischen die beiden orangen Karosserieteile klebt man die linken Reifen. Von vorne erhält das Auto die rechten blauen Reifen, die grüne Sitzfläche, den schwarzen Mittelstreifen, das kleine blaue Oval und die grüne Blende. Arbeiten Sie genauso auch auf der Rückseite. Die rechten Reifen werden mit weißen Felgen und einem grünen Mittelteil dekoriert. Mickys gelber Oberkörper wird auf die Sitzfläche geklebt, darüber folgt das schwarze Lenkradstück, danach die Hände und die blaue Umrandung.

Jetzt werden die vorgefertigten Kopfteile deckungsgleich fixiert, denken Sie aber an das linke Ohr: Es kommt vorher noch zwischen die beiden Köpfe. Und was wäre Micky ohne seine freche Nasenspitze?
Wegen der Sicherheitsvorschriften auf der Rennpiste dürfen Sie natürlich auch die Brille nicht vergessen. Mit einem schwarzen Filzstift wird das Fensterbild vervollständigt.

Farben: Schwarz, Weiß, Beige, Rot, Hellgelb, Violett, Rosa, Mint, Hellblau, Hellbraun, Grau

Außer dem rechten Daumen, den beiden Ohren und der Bodenfläche werden alle Teile doppelt ausgeschnitten. Achtung: Die beiden Schuhe sind jeweils aus einem Teil hergestellt.

Vorarbeiten:

1. Mickys Kopf:

Die schwarzen Kopfteile erhalten ihre beigen Gesichtsteile, danach die Augen, den Mund und die Zunge.

2. Eimer:

Der hellbraune Eimer wird von vorne mit einer hellblauen Wasserfläche und dem grauen Kellenstiel dekoriert. Mit dem zweiten Bottichteil genauso verfahren.

Kleben Sie auf den hellgelben Bademantel von vorne den linken Arm, danach folgt das violette Badetuch. Jetzt muß die rechte Hand angebracht werden - allerdings vorerst ohne den Daumen! Nun wird der linke, weiße Handschuh fixiert. Die Rückseite muß genauso aussehen. Auf die rosafarbene Bodenfläche werden der vorgefertigte Eimer und das Schuhteil geklebt. Bringen Sie dann die schwarzen Beine an. Zwischen beide Bademantelteile werden die Beine und der rechte Daumen fixiert. Nun muß nur noch der vorgefertigte Kopf beidseitig angeklebt werden, die Ohren finden ihren Platz dazwischen. Nasenspitze nicht vergessen, und ab in die Sauna!

Farben: Schwarz, Weiß, Beige, Rot, Rosa, Mint, Hellblau, Violett, Gelb

Außer der Bodenfläche, dem linken Ohr, dem linken Arm und dem großen, violetten Bürstenteil wird alles doppelt ausgeschnitten.

Vorarbeiten:

1. Mickys Kopf:
Kleben Sie auf die beiden schwarzen Kopfteile die beigen Gesichtsteile, danach folgen die Augen und der Mund mit der Zunge.

2. Mickys rechter Arm:
Der Arm erhält von vorne seinen weißen Handschuh.

3. Mickys linker Arm:
Zwischen die beiden Handschuhteile werden der lange violette Bürstenstiel und der schwarze Arm geklebt. Oben auf der Handfläche fixiert man beidseitig das Bürstenende; der Bürstenkopf bekommt von vorne und von hinten seine gelben Borsten.

4. Wanne:
Die beiden rosafarbenen Wannenteile erhalten jeweils von hinten die kleinen Fußteile, von vorne die kompletten Füße und danach den gleichfarbigen Wannenrand.

Auf die mintfarbene Bodenplatte werden beidseitig die vorgefertigten Wannen geklebt.
Fixieren Sie dann die Oberkörper. Den rechten Arm an die Schulter kleben, so läßt sich nachher der Arm leicht nach vorn biegen. Damit bekommt Ihr Micky-Maus-Fensterbild etwas mehr Tiefe, und gleichzeitig wird die Ansatzstelle zwischen Oberkörper und Wanne verdeckt. Am Oberkörper wird von vorne ein vorgefertigtes Kopfteil angeklebt, dann das rechte Ohr; das linke Ohr und den linken Arm mit der Bürste am Kopf fixieren.
Micky Maus ist ganz schön am Plantschen, da gibt es natürlich Schaumblasen und sogar eine große Pfütze. Umranden Sie die Blasen mit einem blauen Buntstift, und ergänzen Sie die schwarzen Striche.

Schlaf, Micky, schlaf!

Farben: Schwarz, Weiß, Beige, Hellgelb, Pink, Hellviolett, Violett

Außer dem Schwänzchen, den beiden Ohren und der langen Mützenspitze werden alle Teile doppelt ausgeschnitten.

Vorarbeiten:

1. Mickys Kopf:
Auf das schwarze Kopfteil werden das beige Gesicht und die schwarze Nasenspitze geklebt. Nun folgt das halbkreisförmige, pinkfarbene Mützenteil. Arbeiten Sie das zweite Kopfteil genauso.

2. Mickys Beine:
Auf den linken, pinkfarbenen Schuh wird der rechte Schuh geklebt, danach folgt das schwarze Bein.

3. Mond:
Damit der Mond die nötige Stabilität erhält, muß er zweimal ausgeschnitten werden. Danach klebt man beide Teile zusammen, und der nette Geselle bekommt noch ein fröhliches Gesicht.

Zwischen die beiden Schlafanzugteile werden der Mond, die pinkfarbene Mützenspitze und das Schwänzchen geklebt - die einzelnen Vorlagen auf dem Bogen erleichtern Ihnen diese Arbeit sehr! Jetzt beidseitig die vorgearbeiteten Beine anbringen. Den hellvioletten Hosenrand darüberkleben, und die vorgefertigten Köpfe deckungsgleich fixieren. Denken Sie an die Ohren, die noch dazwischen geklebt werden müssen. Den rechten violetten Ärmel und den hellvioletten Hemdrand anbringen. Wenn Sie ganz exakt gearbeitet haben, paßt die Mützenspitze genau an das andere Mützenteil. Nun klebt man von vorne die weiße Hand und den weißen Mützenpompon an. Bearbeiten Sie das fertige Fensterbild mit einem schwarzen Filzstift, geben Sie dem freundlichen Mond noch drei Sternen-Begleiter, und jetzt: psssst, Micky schläft!

Pferd:

Farben: Schwarz, Weiß, Gelb, Braun

Außer dem rechten Ohr, dem rechten Vorderbein, dem rechten Hinterbein und dem Schwanz werden alle Teile doppelt ausgeschnitten. Mit Hilfe der Vorlage fixiert man zwischen beiden Rumpfteilen das rechte Vorderbein, das rechte Hinterbein und den Schwanz. Dann werden von vorne die Mähne, das Auge, das linke Vorderbein, das linke Hinterbein und die Hufe aufgeklebt. Auf der Rückseite genauso arbeiten, vergessen Sie jedoch zwischen den beiden Mähnenteilen das rechte Ohr nicht. Wenn auch noch das linke Ohr angeklebt ist, kann Mickys treuer Begleiter schon lostraben.

In der Prärie

Micky:

Farben: Schwarz, Weiß, Beige, Grün, Rot, Blau, Hellbraun, Gelb

Außer dem rechten Ärmel und dem rechten Ohr werden alle Teile doppelt gearbeitet.

Vorarbeiten:

1. Mickys Kopf:

Die beiden schwarzen Kopfteile erhalten von vorne ihr beiges Gesicht, dann die Augen, den Mund und die Zunge.

2. Hut:

Kleben Sie hinter das große Hutteil das kleinere Hutteil. Bevor die beiden fertigen Hüte zusammengeklebt werden, müssen Sie das rechte Ohr dazwischen anbringen.

3. Gitarre:

Auf der Gitarre wird von vorne der Gitarrenhals und danach die schwarze ovale Öffnung fixiert. Mit dem zweiten Gitarrenteil genauso verfahren.

Der linke Schuh kommt unter das blaue Hosenbein, dann wird die Hose auf dem Pferd angebracht. Zwischen die beiden vorgefertigten Gitarrenteile werden der blaue Unterkörper, der rechte grüne Ärmel, die vier gelben Schrauben und das rote Tuch geklebt. Die Manschetten der beiden Ärmel sind ca. 3 mm fransig eingeschnitten. Nun klebt man die Finger der rechten Hand beidseitig auf den Gitarrenhals. Die linke Hand

Farben: Schwarz, Weiß, Beige, Dunkelblau, Pink, Grau, Dunkelgrün, Gelb

Außer den beiden Ohren, dem linken Ärmel, dem Zylinderoberteil und der Bodenfläche werden alle Teile doppelt gearbeitet.

Vorarbeiten:

1. Mickys Kopf:
Kleben Sie auf die beiden schwarzen Kopfteile die beigen Gesichtsteile und die Augen.

Hokuspokus Micky Maus!

2. Linker Arm:
Auf den Ärmel werden beidseitig der schwarze Arm und die Hand geklebt.

3. Rechter Arm:
Setzen Sie auf jedes Ärmelteil den Arm und danach den weißen Handschuh.

4. Schuhe:
Alle pinkfarbenen Schuhteile bekommen passende, weiße Gamaschen. Danach folgen die dazugehörenden Beinteile.

5. Zylinder:
Beidseitig wird das gelbe Band am Zylinderoberteil angebracht, darüber folgt die Hutkrempe und dann das graue Innenteil.

Mit Hilfe der Vorlage werden der linke vorgefertigte Fuß und danach der rechte Fuß auf der Bodenfläche beidseitig fixiert. Arbeiten Sie möglichst deckungsgleich. Dann umschließen die pinkfarbenen Hosenteile die Beine. Jetzt muß der Frack angebracht werden. Von vorne und hinten werden der Kragen und die Schleife fixiert. Zwischen Mickys Kopfteile kommen der linke, vorbereitete Arm, beide Ohren und auch der fertige Körper. Nun fehlt noch die Nasenspitze. Der rechte Arm wird deckungsgleich angeklebt, schieben Sie vorher noch den fertigen Zylinder zwischen beide Handschuhteile. Und - wenn Micky zaubert, dann bleibt es sicher nicht nur bei den pinkfarbenen Sternen! Was da wohl gleich aus dem Zylinder kommen wird? Hokuspokus ...

Lektorat: Anke Maresch
Fotos: Frech-Verlag GmbH+Co. Druck KG, D-7000 Stuttgart 31, Fotostudio Ullrich & Co, Renningen
Layout: Dieter Betz

Auflage: 5. 4. 3. 2. 1. | Letzte Zahlen
Jahr: 1997 96 95 94 93 | maßgebend

Erschienen 1993 im
frech-verlag GmbH + Co. Druck KG, D-7000 Stuttgart 31

ISBN 3-7724-1647-0 · Best.-Nr. 1647

Druck: Frech-Verlag GmbH + Co. Druck KG, D-7000 Stuttgart 31

wird ebenfalls vorne und hinten fixiert; darüber wird der linke Ärmel geklebt. Mickys Kopfteile werden so angebracht, daß der Körper und der fertige Hut dazwischen liegen. Jetzt fehlen nur noch die Nasenspitze und die Innenlinien.
Wann darf Micky Maus seinen Country-Song bei Ihnen zum besten geben?

Aufgepaßt, ich komme!

Farben: Schwarz, Weiß, Beige, Hellgelb, Mint, Lila, Rosa, Grau, Rot, Hellblau

Außer dem linken Ohr, den linken Schlittschuhkufen und der Eisfläche werden alle Teile zweimal ausgeschnitten.

Vorarbeiten:

1. Mickys Kopf:
Die beiden schwarzen Kopfteile erhalten von vorne ihre beigen Gesichtsteile, die Augen, den Mund und die Zunge.

2. Mütze:
Zwischen die beiden hellgelben Mützenteile wird das linke Ohr geklebt. Nun von vorne und hinten die weißen Pompons anbringen.

3. Rechter Arm:
Ein mintfarbenes Ärmelteil bekommt von vorne den hellgelben Handschuh angeklebt. Arbeiten Sie den zweiten Ärmel genauso.

4. Linker Schlittschuh:
Zwischen den rosafarbenen Schuhteilen wird die graue Schlittschuhkufe fixiert.

5. Rechter Schlittschuh:
Ein rosafarbenes Schlittschuhteil wird von hinten mit einer grauen Kufe ergänzt. Vergessen Sie die Rückseite Ihres Fensterbildes nicht!

6. Eisfläche:
Kleben Sie auf die weiße Eisfläche beidseitig den hellblauen Streifen auf.
Auf die Eisfläche kommt vorne und hinten deckungsgleich der rechte Schlittschuh.
Die lilafarbenen Hosenteile liegen sowohl auf dem rechten, als auch auf dem linken Schlittschuh. Nun das mintfarbene Oberteil anbringen, genauso auf der Rückseite arbeiten.
Zwischen Mickys vorgefertigte Kopfteile müssen die Mütze und der Oberkörper geklebt werden. Dann erhält Micky seinen rechten Arm und den linken, hellgelben Handschuh.
Nasenspitze nicht vergessen und das Fensterbild mit einem schwarzen Stift vervollständigen - dann lockt das Eis!

Farben: Schwarz, Weiß, Beige, Gelb, Braun, Lila, Pink, Hellgrün, Rot

Außer den beiden Ohren, dem rechten Hosenbein und der Grasfläche werden alle Teile doppelt ausgeschnitten.

Vorarbeiten:
1. Mickys Kopf:
Die beiden schwarzen Kopfteile erhalten ihr beiges Gesicht, die Augen und den Mund mit der Zunge.

2. Rechter Arm:
Jedes schwarze Armteil wird mit einem weißen Handschuh verziert.

3. Rechtes Bein:
Auf das einmal ausgeschnittene rechte Hosenbein kommt das schwarze Beinteil. Darüber fixiert man den gelben Schuh mit der braunen Sohle. Auf der Rückseite genauso arbeiten.

Auf die Grasfläche wird von vorne das lilafarbene Hosenteil und dann das pinkfarbene Oberteil geklebt. Fixieren Sie das Schwänzchen, den rechten Arm und das linke Bein.

Wenn Sie die Rückseite arbeiten, müssen Sie das vorgefertigte rechte Bein dazwischen kleben. Auf beiden Seiten erhält das linke Bein seinen Schuh und der rechte Arm seinen Handschuh. Mickys vorgefertigter Kopf wird an den Oberkörper geklebt, zwischen den Kopfteilen sitzen noch die Ohren! Jetzt den linken Arm mit dem Handschuh von vorne und hinten fixieren. Vervollständigen Sie das Fensterbild mit einem schwarzen Stift. Dann darf noch eine kleine Ameise über das Gras krabbeln, damit Micky mit dem kleinen Gesellen Freundschaft schließen kann.

Oh, Du liebe Herbstzeit!

Farben: Schwarz, Weiß, Beige, Rot, Mint, Rosa, Lila, Ocker, Grün, Dunkelbraun, Hellbraun, Mittelgrün

Außer den beiden Ohren, dem rechten Ärmel, dem Besenstiel und der Bodenfläche werden alle Teile doppelt ausgeschnitten.

Vorarbeiten:

1. Mickys Kopf:

Auf beide schwarze Kopfteile werden das beige Gesicht, die Augen, der Mund und die Zunge geklebt.

2. Linker Arm:

Auf dem Handschuh von vorne den Arm und danach ebenfalls von vorne den lilafarbenen Ärmel fixieren. Für die Rückseite genauso arbeiten.

3. Linkes und rechtes Bein:

Kleben Sie auf beide Schuhteile vorne die Beinteile. Für die Rückseite genauso arbeiten.

Zuerst das rechte, dann das linke Bein auf die Grasfläche kleben. Nun beidseitig die mintfarbenen Hosenteile anbringen. Zwischen das doppelt angefertigte lilafarbene Oberteil den

rechten Ärmel und den Unterkörper kleben. Der Körper wird beidseitig mit dem vorgefertigten linken Arm und dem rosafarbenen Kragen ergänzt. Mickys Kopfhälften deckungsgleich anbringen, dazwischen die Ohren kleben, die Nasenspitze fixieren.
Kleben Sie auf dem rechten Ärmel von beiden Seiten den Arm an. Die weißen Handschuhteile umschließen gleichzeitig den Arm und den Besenstiel. Bringen Sie die Borsten an, und verteilen Sie noch etwas Laub auf der Grasfläche.
Wenn's doch bloß schon Winter wäre ....

Farben: Schwarz, Weiß, Beige, Orange, Gelb, Rot, Dunkelbraun, Grün, Hellgrün

Außer den beiden Ohren und der Grasfläche werden alle Teile doppelt ausgeschnitten.

Vorarbeiten:

1. Mickys Kopf:

Beide schwarzen Kopfteile erhalten von vorne das beige Gesicht, die Augen, die Nase, den Mund und die rote Zunge.

2. Kürbis:

Beginnen Sie beim mittleren Kürbisteil, und kleben Sie links und rechts jeweils die nächsten Kürbisscheiben dahinter. Auf der grünen Grasfläche werden die beiden Kürbishälften deckungsgleich fixiert.

Von vorne und hinten klebt man die fertigen Kopfteile fest, vergessen Sie die Ohren nicht! Die gelben Schuhe beidseitig anbringen und mit braunen Sohlen ergänzen. Nun die Hände auf der Vorder- und Rückseite fixieren. Der Kürbisdeckel liegt auf der Grasfläche. Ganz offensichtlich hat es Micky Maus schon recht gut geschmeckt.

Künstler Micky!

Farben: Schwarz, Weiß, Beige, Gelb, Grau, Dunkelbraun, Pink, Hellgrün, Blau, Rot, Hellblau, Orange, Dunkelgrün

Außer den beiden Ohren, dem Oberkörper, der beigen Pinselspitze, dem braunen oberen Pinselstiel und der dunkelgrünen Grasfläche werden alle Teile doppelt gearbeitet.

Vorarbeiten:

1. Mickys Kopf:
Die beiden schwarzen Kopfteile bekommen von vorne das beige Gesicht, die Augen, die Nase und den Mund mit der Zunge.

2. Rechtes und linkes Bein:
Kleben Sie auf die beiden Schuhe die dazugehörenden Beinteile.

Auf dem hellgrünen Oberteil werden vorne und hinten die rechten und die linken Armteile befestigt.

Mickys rechte Hand umschließt den Arm und den braunen oberen Pinselstiel. Das graue Metallteil wird beidseitig auf dem Pinselstiel fixiert. Schieben Sie noch die beigen Borsten dazwischen, und geben Sie seinem Pinsel einen bunten Klecks! Das Ende des Stieles kleben Sie von vorne und von hinten in die Handfläche. Mickys linke Hand wird nun dekkungsgleich am Arm fixiert; dann bekommt Micky die dunkelbraune Palette in die Hand. Der Daumen wird darauf geklebt. Befestigen Sie nun von beiden Seiten die vorgefertigten Beine mit den Schuhen auf der Grasfläche.
Die blauen Hosenteile umschließen den Oberkörper und auch die schwarzen Beine. Mickys Kopfteile deckungsgleich anbringen, dazwischen noch die Ohren kleben. Die Künstlermütze, Farbtube und Kleckse dürfen Sie keinesfalls vergessen! Schließlich ist Micky gerade voll in Aktion - wie man sieht!